AF248220

LA FRANCE

AU

COEUR DE JÉSUS

PARIS

RENÉ HATON, LIBRAIRE

35, RUE BONAPARTE, 35

—

1889

OUVRAGES DU MÊME AUTEUR

Le Beau, in-8°
Philosophie, in-8°, 2e édit. augmentée.
Dieu et ses Œuvres, in-8°.
Jésus-Christ et son Règne, in-8°.
Le Pape et l'Église, in-8°.

Les Papes, in-12, 2e édition.
Luttes de l'Église, 2 volumes in-12.
Réponses aux objections contre la puissance et
  l'infaillibilité du Pape, in-12.
Problèmes religieux et sociaux, in-12.
Saint Thomas, l'Ange de l'École, in-8°.

LES EXERCICES SPIRITUELS, COLLECTION IN-18

Une pensée par jour, 1 volume in-18, 21e mille.

Fascicules in-18.

1. Les Annotations.
2. D'où venez-vous ? Où allez-vous ?
3. Principe et Fondement.
4. L'Examen particulier.
5. L'Examen général.
6. Le Péché. — L'Enfer.
7. Les Additions.
8. Le Règne de Jésus-Christ.
9. Vie cachée de Notre Seigneur Jésus-Christ.

Jésus-Christ dans sa vie militante, in-18.

Fascicules, in-18 :

1. La Passion.
2. La Résurrection.
3. La Contemplation pour obtenir l'amour de Dieu.
4. Les Secrets de la Vie spirituelle.

Les trois manières de prier. — Le Décalogue. Le
  Credo. Le Pater. L'Ave. Le Magnificat. —
  S. Michel. S. Gabriel. S. Raphaël. — Les Agoni-
  sants. — Le Dies iræ, in-18.

Jésus, son Cœur, son Sang et sa Face adorable,
  in-18.
Agenda du Chrétien, in-18, 4e édition.

LA FRANCE AU CŒUR DE JÉSUS

N.º 129.

LA FRANCE AU SACRÉ CŒUR

Prière trouvée dans un missel antérieur à Charlemagne.

Dieu éternel et tout-puissant, qui avez choisi le peuple des Francs pour être dans le monde l'instrument de votre divine volonté, le glaive et le boulevard de votre sainte Église, nous vous en prions, éclairez partout et toujours les fils des Francs, afin qu'ils voient ce qu'il faut faire pour établir votre règne ici-bas; fortifiez leur courage et leur charité, afin que, jusqu'à la fin des temps, ils accomplissent vos desseins.

Ainsi soit-il.

VIVE LE CHRIST
Qui aime les Francs!

Cœur de Jésus, sauvez la France.

Nᵒ 129

H. BONAMY, édit pontif., r. des Carmélites, Poitiers

LA FRANCE

AU

CŒUR DE JÉSUS

A France a le droit de se faire représenter par ceux de ses rois qui ont le plus influé sur sa destinée. Tels furent Clovis, Charlemagne, saint Louis. Or, ces trois monarques semblent avoir eu pour mission de préparer la France aux faveurs spéciales du Cœur de Jésus.

Clovis fut le premier roi des Francs devenus chrétiens, le premier roi de la Gaule devenue la France. On sait que, entendant le récit de la Passion, le héros de Tolbiac, saisi d'une sainte colère, ne put retenir ce cri : Où étions-nous, mes Francs et moi ? Nos francisques l'auraient sauvé. — La Passion se résume dans le Cœur de Jésus, et Jésus présente son Cœur comme un mémorial de ses douleurs et de ses opprobres, quand il le montre à la Bienheureuse Marguerite-Marie, entouré de la couronne d'épines, surmonté de la croix, entr'ouvert par la lance. Il est donc permis de voir dans la généreuse indignation de Clovis un premier titre de la France auprès du Sacré-Cœur de Jésus. On comprend dès lors pourquoi au premier plan de cette image, nous plaçons le premier Roi très chrétien, debout, la main sur sa bonne francisque, le regard quelque peu farouche : car le chrétien n'a pas encore effacé le barbare. On dirait qu'il s'apprête à défendre Jésus-Christ contre quiconque tenterait de le crucifier de nouveau dans son corps mystique qui est l'Église. A ses pieds se lit la belle et fière parole que nous venons de rappeler, et qui résume toutes les gloires de la France : Ou ÉTIONS-NOUS, MES FRANCS ET MOI? NOS FRANCISQUES L'AURAIENT SAUVÉ..

Charlemagne ouvre ses fameux capitulaires par cette déclaration solennelle : « Jésus-« Christ, Notre-Seigneur, étant le Roi éternel, « moi, Charles, par la grâce et la miséricorde « de Dieu, roi des Francs, défenseur dévoué « et humble auxiliaire de la sainte Église. » Figurée par l'eau et le sang qui rappellent le Baptême et l'Eucharistie, l'Église est née du Cœur sacré de Jésus. Défendre et seconder l'Église, c'est donc s'assurer un titre tout spécial auprès de ce Cœur adorable. Ceci explique la présence de Charlemagne parmi les plus insignes précurseurs de la dévotion efficace de la France au Cœur du Roi des rois.

Debout, ferme, calme, majestueux, il porte la couronne impériale. Sa main gauche soutient un globe surmonté d'une croix : c'est la figure de l'Église catholique. De la main droite il tient levée sa vaillante épée. Sur le rocher qui le porte on lit ces mots : MOI, CHARLES, DÉFENSEUR ET AUXILIAIRE DE L'ÉGLISE.

Saint Louis aimait à se dire le bon sergent de Jésus-Christ. Deux fois il a pris la croix : la croix sort du Cœur de Jésus. Il fit bâtir la Sainte-Chapelle pour y déposer la couronne d'épines : quand Jésus fit voir son Cœur à sa fidèle servante, il le montra entouré de cette cruelle couronne. Le saint Roi devait donc figurer parmi les réprésentants anticipés du dévouement de la France au Cœur de Jésus. Ici d'une main il tient l'étendard des croisades, tandis que l'autre repose sur son épée. A ses pieds on lit sa profession de foi, que les rois feraient bien d'étudier : JE SUIS LE BON SERGENT DE JÉSUS-CHRIST.

Aucun de ces trois personnages ne regarde le Cœur sacré : le Sauveur ne l'a pas encore proposé au monde.

Chacun d'eux représente un instant solennel

de notre histoire ; chacun d'eux porte dans ses traits l'expression de son époque.

Clovis rappelle le chrétien, nouveau converti, qui comprend peu la patience de la croix.

Charlemagne représente la majesté de la force, et la force du droit ; or, le droit, c'est Jésus-Christ, Roi des peuples et des rois.

Louis exprime la sainteté, mais une sainteté qui ne l'empêcha pas d'être, aux yeux des musulmans, le plus fier chrétien qu'ils eussent rencontré. Son attitude et son regard déclarent précisément l'union si difficile de ces deux contraires : l'humilité du saint et la fierté du guerrier.

Résumons. — S'agit-il de défendre la personne de Jésus-Christ, la France se lève avec Clovis, l'exterminateur de l'arianisme. S'agit-il de défendre l'Église de Jésus-Christ, la France est là, debout, l'épée haute, avec Charlemagne, le libérateur du Pape. S'agit-il de défendre le tombeau de Jésus-Christ, de porter sa croix, de recevoir sa couronne d'épines, la France, si docile jadis à la voix des Papes, se croise encore avec saint Louis, plus grand, même sous la croix et dans les fers, qu'il ne le fut sur son cheval de bataille ou sur son trône.

Formée par de pareils hommes, la France peut espérer des destinées plus hautes encore.

Un temps viendra où le Sauveur révèlera son Cœur au monde. C'est à la France qu'il réserve l'honneur de cette grande manifestation ; c'est à la France qu'il confiera la mission de propager la dévotion des héros de la dernière heure ; c'est à la France, représentée cette fois par une humble sœur de la Visitation, que Jésus découvre son Cœur, surmonté de la Croix, environné d'épines, entr'ouvert par la lance.

A droite, la Bienheureuse Marguerite-Marie est à genoux, les yeux doucement arrêtés sur le Sauveur. On dirait qu'elle lui rappelle les magnifiques promesses qu'il l'avait chargée d'annoncer à ceux qui se dévoueraient au culte du Cœur adorable.

La Compagnie de Jésus a été désignée par le Sauveur lui-même pour propager la dévotion au Cœur sacré. Elle est représentée ici par le V. P. Claude de la Colombière, qui, le premier entre tous ses frères, fut appelé à l'honneur de seconder la mission de la Bienheureuse Marguerite. A gauche, le Père Claude en surplis, debout, le regard élevé vers Notre-Seigneur, paraît, lui aussi, réclamer avec une humilité mêlée de confiance, les bénédictions promises par le divin Cœur.

Outre les hommes, il est des monuments qui rappellent les titres de la France aux bontés du Cœur de Jésus et les bienfaits du Cœur de Jésus envers la France.

D'abord, entre Clovis, le premier roi très chrétien qui fut le seul roi catholique de son temps, et Charlemagne, le défenseur armé de la sainte Église, qui fut couronné empereur à Rome par le Pape saint Léon III, on entrevoit Saint-Pierre de Rome, symbole de l'Église et du Pape, dont la vraie France fut toujours le soldat.

Entre Charlemagne et saint Louis, on reconnaît la Sainte-Chapelle, environnée des flammes de l'incendie qui, en 1870, la respecta comme par miracle. Nous avons dit plus haut comment ce pieux édifice se rattache au Sacré Cœur.

Au-dessus de la Sainte-Chapelle, se dresse Montmartre. On y voit une église en construction. Montmartre, ou le mont des Martyrs, fut consacré par le sang des premiers chrétiens de la Gaule, et spécialement par celui de saint Denis. Or, on sait que, à l'heure de la mort de Jésus, au moment où le soleil refusait sa lumière à la terre déicide, à l'instant peut-être où la lance ouvrait le Cœur de Jésus, Denis, alors païen, s'écria : Ou le monde va se dissoudre, ou le Dieu de la nature souffre. C'est à Montmartre que naquit la Compagnie de

Jésus, destinée à propager le culte du Sacré
Cœur ; c'est à Montmartre que s'élève l'église
du Sacré Cœur, vœu national de la France
pénitente.

A la gauche de la bienheureuse Marguerite-
Marie, un peu en arrière, on aperçoit le mo-
nastère de Paray-le-Monial sanctifié par les
apparitions si fréquentes de Notre-Seigneur à
sa fidèle servante.

Dans le lointain, de ce même côté, on
entrevoit le mont Saint-Michel, baigné par les
flots de l'Océan. Ainsi, les eaux et les terres,
la mer et les montagnes se réunissent dans ce
tableau pour exprimer le règne universel du
Cœur du Roi suprême. Le glorieux archange
qui foudroya Lucifer, et qui, le premier, adora
d'avance le Verbe fait chair, l'Ange qui, au
dernier jour, portera l'étendard de la croix
devait paraître dans le poème du divin Cœur.
D'ailleurs, ce n'est pas sans dessein que la
France, fille aînée de l'Église et du Sacré
Cœur, a été confiée spécialement à la protec-
tion de l'Ange qui est le gardien de l'Église
universelle. L'étendard de la Croix et celui du
Cœur de Jésus ne sont qu'un seul et même
drapeau, défendu par la France sous la haute
direction de Mi

Ici donc on voit l'Archange poursuivant

l'ennemi du Verbe incarné. Le chef des révolutions se débat en vain sous le pied du vainqueur. Celui-ci, avec le calme et la sérénité de la force, le tient sous le coup de sa formidable lance et le pousse dans les flots.

A l'opposé, les terres s'élèvent, et sur le flanc de la montagne on distingue et la grotte de Massabielle et l'église de Notre-Dame de Lourdes, vers laquelle se dirigent les pèlerins de la France. Ces supplications multipliées amènent, de la part de Marie, une intervention plus pressante que jamais auprès du Cœur de son divin Fils. Ici montons plus haut.

Au centre du tableau, assis sur un nuage à la fois brillant et sombre, apparaît le Sauveur et le Juge : le Juge, car de la main gauche il tient les balances et sur ses genoux un livre est ouvert ; le Sauveur, car la colère de la justice fait déjà place au sourire de la clémence.

Marie s'est jetée aux genoux de son Fils. Il est vrai que sur une page du livre ont lit un mot funeste et sanglant qui résume tous les attentats : RÉVOLUTION ; mais sur l'autre feuillet la place manque pour inscrire tous les titres de la France à la miséricorde : CLOVIS, CHARLEMAGNE, SAINT LOUIS, CROISADES, VŒU DE LOUIS XIII, VŒU DE LOUIS XVI, MIS-

SIONS, SAINTE-ENFANCE, DENIER DE SAINT-PIERRE, ZOUAVES PONTIFICAUX, PÈLERINAGES, VŒU NATIONAL. Marie soutient cette page et appuie sur ces souvenirs favorables. Avouons aussi que la balance nous est contraire. L'un des plateaux descend au plus bas, tandis que le plateau de nos mérites ne porte qu'un poids trop léger ; mais Marie arrête doucement le bras du Juge irrité.

Déjà la personne du Sauveur domine celle du Juge et Jésus lève la main comme pour montrer son Cœur qui brille au ciel, et en même temps pour bénir la France personnifiée dans Jeanne d'Arc. L'héroïne de Patay est à demie renversée, la main droite appuyée sur le pommeau d'une épée qui gît sur le sol ; mais de l'autre main, la vierge de Vaucouleurs tient encore haute sa blanche bannière sur laquelle sont inscrits en lettres d'or les noms de JÉSUS et de MARIE.

Au-dessous du nuage qui porte le Sauveur, une banderole de feu déclare l'idée générale du tableau : LA FRANCE AU CŒUR DE JÉSUS.

Mais c'est au sein de la lumière de gloire qu'il faut chercher le divin Cœur. Levez les yeux. Au-dessous du triangle symbolique de l'auguste Trinité, apparaît le Cœur de Jésus, tout empourpré de son sang, surmonté de la

croix, entouré de la couronne d'épines devenue la couronne de gloire, et laissant échap-
per les flammes de son immense charité, tel,
en un mot, qu'il fut montré par le Sauveur
lui-même à la bienheureuse Marguerite. Des
rayons d'or illuminent le tableau jusqu'au
nuage sur lequel Jésus est descendu.

Divisés en trois groupes représentant les
trois hiérarchies, les neuf chœurs des anges
sont répandus autour de la glorieuse couronne.

Depuis surtout qu'il a été proclamé patron
de l'Église catholique, saint Joseph a sa place
marquée partout où il s'agit des intérêts de
Celui qui le nomma son père. Il occupe ici la
droite. Il tient un lis à la main et il intercède
pour la fille aînée de l'Église auprès du Sacré
Cœur. Dans son regard, la confiance se joint
à la prière.

A la gauche du divin Cœur, le chef de l'É-
glise, saint Pierre, présente d'une main les
clefs du ciel, symbole de sa souveraineté spirituelle sur toutes les nations; de l'autre, il
presse sur son cœur le Livre saint dont il est
l'interprète infaillible. Lui aussi, il prie le
Cœur de son Maître pour la nation qui toujours, quand elle fut grande et forte, se fit un
devoir de défendre le Saint-Siège et la foi.

Ce poème a été fort bien rendu par la peinture et la sculture combinées dans un beau rétable que nous avons fait exécuter par M. Raffl dans l'église de N.-D. de Sainte-Croix, au Mans, et dont cette gravure est la reproduction.

L'idéal qu'on a voulu y exprimer n'est autre que le règne du Dieu trois fois saint sur la France par le Cœur de Jésus, Roi suprême de la nation très chrétienne.

PRIÈRE POUR LA FRANCE,
TROUVÉE DANS UN ANCIEN RECUEIL

« Seigneur, donnez à la France vos lumières et l'intelligence de vos lois. Donnez-lui l'esprit de votre justice.

« Que tous ceux qui partagent son gouvernement, concourent à maintenir la paix et le bonheur dans l'État. Qu'ils soient les protecteurs des malheureux, l'appui des familles, les ennemis du désordre et de la guerre civile; qu'ils soient au peuple français, ce que la rosée est aux campagnes arides, une pluie douce aux champs altérés. Que leur pouvoir soit un pouvoir de justice et de paix. Que la puissance dont ils sont investis soit respectée dans l'État et chez les peuples voisins. Que les étrangers viennent admirer le gouvernement de la France, et que tous les peuples de la terre apprennent à son exemple ce que la pratique de votre Loi sainte, ô mon Dieu, donne de force et de grandeur à une nation.

« Faites, Seigneur, que ralliés en votre amour, nous venions tous déposer à vos pieds nos divisions et nos dissentiments, afin que, sous l'inspiration de la sainte Église, centre et foyer de la vérité et de la charité, nous soyons à jamais le peuple le plus chrétien et le plus digne de vos paternels regards.

« Exaucez, Seigneur, les vœux de vos enfants ; aimez la France et qu'elle vous aime. »

VIVE LE CHRIST

QUI AIME LES FRANCS !

Bourges. — Typ. Tardy-Pigelet.

PIÉTÉ

Pourquoi êtes-vous malheureux ? in-18.
Le Soldat et l'Ouvrier chrétien, in-32, 27e édition.
Le Dimanche (Sanctifiez), in-32, 13e mille.
Dimanche et Lundi, in-32, 12e mille.
La Confession, in-32, 15e mille.
Le Cœur de Jésus d'après l'Évangile. — Mois du
Sacré-Cœur, in-32, 3e édition.
La sainte Vierge d'après l'Évangile. — Mois de
Marie, in-32, 3e édition.
Saint Joseph d'après l'Évangile. — Mois de saint
Joseph, in-32, 39e mille.
Le Mois du Sacré-Cœur de Jésus, Croisade, in-32.
135e mille.
Le Mois du Précieux Sang, in-32, 3e édition.
Les Congrégations de la sainte Vierge, in-18, 2e édi-
tion.
Manuel des Congrégations de la sainte Vierge,
in-32, 6e édition.
Recueil de prières à l'usage des Congrégations, in-32.
Cantiques des Congrégations de la sainte Vierge,
in-32, 2e édition.
Année de Marie, in-32, 2e édition.
Mois de Marie, Reine de la France, in-18.
Neuvaine à Notre-Dame de Lourdes, in-32, 6e édi-
tion.
Saint Joseph, in-18, 3e édition.
Saint Joseph, modèle de la vie chrétienne, in-12.
Saint Michel, d'après la Bible et d'après la Tra-
dition, ou Mois de saint Michel, in-32, 3e édition.
Saint Ignace, in-18.
Dévotion à saint Ignace et Mois de saint Ignace,
in-32 3e édition.
Dévotion à saint François Xavier, in-32.
Le B. Pierre Lefèvre, in-32, 4e édition.
Sainte Thérèse d'après elle-même, in-32.
Chants et Cantiques, in-18, 3e édition.

ÉDUCATION

Guide à l'usage des catéchismes, in-18, 6e édition.
Appel contre l'esprit du siècle, in-12, nouvelle édi-
tion.
Plan d'études et de lecture, in-12, 4e édition.
Principes de littérature, in-12, 11e édition.

Principes de littérature, à l'usage des jeunes per
  sonnes in-12, 4e édition.
Rhétorique, in-12, 5e édition.
Philosophie, in-8º.
Logique, in-12, 4e édition.

THÉATRE BIBLIQUE & CHRÉTIEN

Moïse, in-12.
La Fournaise, in-12, 4e édition.
Les Machabées, in-12, 3e édition.
Saint Louis, in-12, 4e édition.
Musique des chœurs de saint Louis, in-8º.
Les deux Étendards, in-12, 4e édition.
La Saint-Barthélemy, in-12.
Les Membres. — Les Sens. — Les Puissances. —
  Les Passions, in-12.

PROPAGANDE

Quel mal vous ont-ils fait ? in-18, 4e édition.
Boutade contre l'Église, in-18, 5e édition.
La Franc-Maçonnerie, 6e édition, in-32.
La Main du diable ou la Franc-Maçonnerie, in-18.
Coup-d'œil sur les deux Frances, in-18, 2e édition.
La France, d'après Joseph de Maistre, in-32.
Louis XIV, Bossuet, Fénelon, d'après Joseph de Mais-
  tre, in 8º.
Étienne Boylesve et les Corporations, in-18, 2e
  édition.
La Main de Dieu, neuf Numéros, in-18, 2e édition.

Feuilles volantes, le cent, 1 fr. ; *franco*, 1 fr. 25 ;
— le mille, 7 fr. ; *franco*, 8 fr. 50.

Bourges, Imp. TARDY-PIGELET.